¿Qué necesito?

Bobbie Kalman

 Crabtree Publishing Company

www.crabtreebooks.com

Creado por Bobbie Kalman

Autor y Jefe editorial
Bobbie Kalman

Consultores pedagógicos
Elaine Hurst
Joan King
Reagan Miller

Editores
Joan King
Reagan Miller
Kathy Middleton

Revisor
Crystal Sikkens

Investigación fotográfica
Bobbie Kalman

Diseño
Bobbie Kalman
Katherine Berti

Coordinador de producción
Katherine Berti

Técnico de preimpresión
Katherine Berti

Fotografías
iStockphoto: pág. 4 (planta), 14 (abajo a la izquierda)
Shutterstock: portada, pág. 1, 3, 4 (excepto planta),
    5, 6, 7 (excepto leche, frutas y frutos secos),
    8, 9, 10, 11, 12, 13, 14
    (excepto abajo a la izquierda), 15
Otras fotografías por Comstock and Photodisc

Catalogación en publicación de Bibliotecas y Archivos Canadá

Kalman, Bobbie, 1947-
    Qué necesito? / Bobbie Kalman.

(Mi mundo)
Translation of What do I need?.
Issued also in an electronic format.
ISBN 978-0-7787-8561-3 (bound).--ISBN 978-0-7787-8587-3 (pbk.)

    . Basic needs--Juvenile literature. I. Title.
II. Series: Mi mundo (St. Catharines, Ont.)

HC79.B38K3418 2011   j640   C2010-904166-6

**Información de catalogación en publicación de
la Biblioteca del Congreso**

Kalman, Bobbie.
    [What do I need? Spanish]
    ¿Qué necesito? / Bobbie Kalman.
        p. cm. -- (Mi mundo)
    ISBN 978-0-7787-8587-3 (pbk. : alk. paper) -- ISBN 978-0-7787-8561-3 (reinforced
library binding : alk. paper) -- ISBN 978-1-4271-9582-1 (electronic (pdf))
    1. Basic needs--Juvenile literature. I. Title. II. Series.

HC79.B38K3518 2010
640--dc22
                                                        2010024772

Crabtree Publishing Company

Impreso en Hong Kong/042011/BK20110304

www.crabtreebooks.com   1-800-387-7650

Publicado en Canadá
Crabtree Publishing
616 Welland Ave.
St. Catharines, Ontario
L2M 5V6

Publicado en los Estados Unidos
Crabtree Publishing
PMB 59051
350 Fifth Avenue, 59th Floor
New York, New York 10118

Publicado en el Reino Unido
Crabtree Publishing
Maritime House
Basin Road North, Hove
BN41 1WR

Publicado en Australia
Crabtree Publishing
386 Mt. Alexander Rd.
Ascot Vale (Melbourne)
VIC 3032

Palabras que debo saber

ejercicio

familia

alimento

amigos y diversión

casa

seres vivos

luz del sol

agua

3

Las plantas, los animales y
las personas son **seres vivos.**
Soy un ser vivo.
¿Qué necesito?

planta

animal

personas

Los seres vivos necesitan
el aire y la luz del sol.
Necesito aire limpio
para respirar.
Necesito también
la luz del sol.

luz del sol

aire

5

Los seres vivos necesitan beber **agua** limpia.

La mayor parte de mi cuerpo está compuesta de agua.

Necesito beber abundante agua cada día.

No espero a tener sed.

Los seres vivos necesitan **alimento**.

Necesito diferentes tipos de alimento.

Como frutas y verduras.

Estos son algunos de los alimentos que como.

pan

leche

nueces

huevos

fruta

carne

verduras

Los seres vivos se mueven.

Necesito moverme.

Hago **ejercicio** al mover mi cuerpo.

Hago ejercicio para
mantenerme sano
y sentirme bien.

Me doblo
hacia atrás.
Bailo.

Doy rebotes.

Corro y nado.
Mi perro corre y
nada conmigo.

Cuando me canso
de todo el ejercicio,
necesito dormir.

Necesito usar ropa.

En el invierno necesito ropa que me mantenga abrigado y seco.

En el verano necesito ropa que me mantenga fresco.

ropa de invierno

ropa de verano

Necesito una **casa**.

Mi casa me protege del mal tiempo.

Mi casa es donde vive mi **familia**.

Mi casa es donde me siento seguro.

Necesito personas que me quieran.

Necesito una familia.

Mi familia me cuida y me quiere.

Necesito amigos.

Mis amigos y yo nos divertimos.

Nos gusta pasar tiempo juntos.

Tengo un cerebro grande.
Necesito aprender.
¡Puedo aprender
cualquier cosa!

Puedo leer
y escribir.

Aprendo muchas
cosas en la escuela.

Sé como usar
una computadora.

¡Necesito divertirme!

Me divierto bailando.

Me divierto jugando al fútbol.

Me divierto jugando con mis amigos.
¿Cómo te diviertes?

Notas para los adultos

Seres vivos

¿Qué necesito? trata sobre lo que los seres vivos necesitan, luz del sol, agua y aire limpio, alimentos nutritivos y ejercicio. Estas son necesidades físicas que necesitamos para sobrevivir y tener buena salud. Los seres humanos también necesitan de otras cosas. Necesitamos un refugio, una familia y amigos. Debido a que tenemos un cerebro grande, necesitamos aprender. Por último, para tener una buena calidad de vida necesitamos divertirnos.

De lo más a lo menos importante

Escriba sobre tarjetas las siguientes palabras (una en cada tarjeta): aire, luz del sol, agua, alimento, ejercicio, casa, familia, amigos, escuela, libros, juguetes, música, jugar, televisión, dinero, entre otras. Colóquelas sobre el suelo y pida a grupos diferentes de niños que las pongan en orden de la más a la menos importante.

¿Qué necesitan?

Una vez que hayan ordenado las tarjetas, hágales estas preguntas: ¿Por cuánto tiempo pueden aguantar la respiración? ¿Con qué frecuencia tienen hambre? ¿Cuánto tiempo creen que pueden sobrevivir sin comida? ¿Qué pasaría si no movieran su cuerpo? ¿Cómo se sentirían si no recibieran la luz del sol? ¿Qué otros seres vivos necesitan todas estas cosas?